Let's Read 讀讀樂

傳記類

台灣永遠的好朋友 馬偕

故事・周淑惠　繪圖・簡民熙
活動、導讀、教學運用・九年一貫課程教學研究會

童年與少年時期

今天是星期天，寧靜的夜晚使星星顯得特別明亮。

小馬偕依偎在母親身旁，聽她唱詩歌。看著母親慈祥溫柔的臉，聽著悅耳的歌聲：「牧羊人看守著羊群，人們坐在草地上，忽然天使從天而降，榮耀的光芒照遍大地……」，小馬偕幼小的心靈深深受到感動，他立下心願：長大之後，我一定要成爲宣教士。」

那年，小馬偕才十歲。

小馬偕的故鄉在加拿大北部的安大略省，牛津郡左拉鄉。他的雙親是來自蘇格蘭的農人，家中有六個孩子，馬偕是最小的一個。

宣教士

就是傳教士，爲教會宣傳教義是他們的工作。

馬偕的父母都是虔誠的長老教會信徒，因此，每天早晚都會帶領孩子們敬拜上帝。他們時常閱讀《聖經》，星期天也都會一起上教堂做禮拜。能夠親近耶穌基督對小馬偕而言，是最開心、最滿足的一件事。

馬偕個頭雖然不大，卻有一雙大大的眼睛。他看人時總是一眨都不眨眼，讓人感受到他內心的堅定。

個子大的玩伴們也從來不敢小看馬偕，因爲他向來想做什麼事就一定會努力將它做成，賽跑不落後，學業成績總是拿第一。馬偕的個性積極勇敢，一點兒都不膽怯，不管是在樹林裡、田野中，還是學校的運動場上，比他大的孩子能做的，他也敢做，而且一點兒都不遜色！

長老教會

基督教有幾個不同的派別，長老教會為其中之一。

聖經

基督教的正式經典，是教義和神學的根本依據。內容主要包括歷史、傳奇、律法、詩歌、論述、書函等。

做禮拜

基督徒聚會敬拜上帝稱為「做禮拜」，大部分基督徒都在星期日早上到教堂敬拜神，因此稱星期日為「禮拜天」，連非基督徒也跟著稱為「禮拜天」或「禮拜日」。

耶穌基督

基督教的崇拜對象，被奉為上帝的兒子，降世而成為人的救世主。

馬偕從小學畢業之後，進入多倫多師範學校就讀，這是因爲他心中早已懷抱著遠大的夢想——當一名成功的宣教士，小馬偕心想：「如果我懂得『教育』這門學問，一定對傳教工作大有助益。因爲，

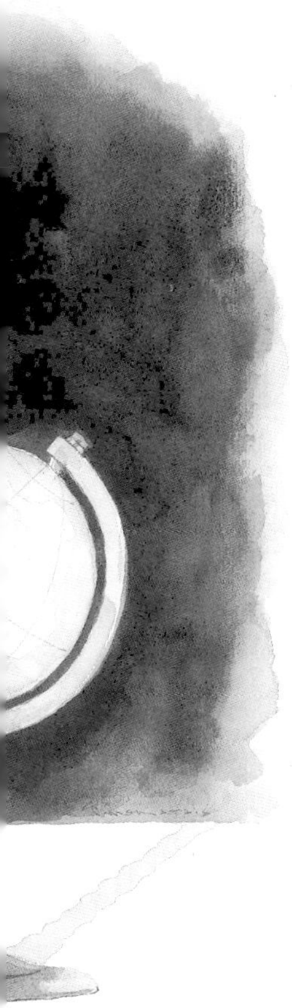

向眾人傳教時，一定要有良好的口才以及廣博的知識。我一定得加倍用功才行！」

馬偕從小就養成良好的讀書習慣，功課總是名列前茅。他每日早起閱讀聖經，然後禱告、讀書，即使在冷冷的夜晚，也能看見他挑燈夜讀的專注神情。對於科學方面的書籍，他特別有興趣，下了很深的功夫學習。

從師範學校畢業之後，十四歲的馬偕在小學教了五、六年的書，二十一歲才又進入多倫多大學及諾士神學院深造，隔年轉入美國普林斯頓神學院就讀。

遠渡重洋到淡水

小馬偕十歲那年，聽了在中國廈門傳教的宣教士威廉賓的演講，十分感動。他知道中國地區十分需要宣教士來傳布福音，因此暗自許下心願，長大之後，要到中國傳福音。

從神學院畢業之後，馬偕向海外宣道會申請，要到中國傳福音。

海外宣道會雖然已經成立許多年，但因為海外宣教工作困難重重，除了完善的工作計畫與充裕的經費之外，更需要堅毅的信心與突破萬難的勇氣。其實，宣道會的委員們並沒有處理過這樣的申請。因此，他們非常懷疑馬偕的動機及能力，甚至還誤認為他是一位急躁的青年呢！

儘管如此，皇天不負苦心人，宣

道會最後還是准許了馬偕的請求。

馬偕在1871年10月告別家鄉，前往中國，當時中國正是滿清時代。

臨別時，他那七十二歲的老父親依依不捨的拉著他么兒的手，問說：「兒子，難道你在家鄉找不到足夠的工作嗎？」

馬偕胸有成竹，立刻回答：「親愛的父親呀，這麼多年來『往

海外宣道會

處理教會到國外宣傳教義的機構。

普天下去，傳福音給萬民聽』的召喚，一直不停的在我耳邊響著。」而他七十歲的老母親也紅著眼眶，語氣哽咽的說：「我的心靈雖然願意你到異邦去傳福音，但是我的身體卻是這麼軟弱！」

儘管年邁的父母如此捨不得馬偕，但他仍在眾多親友的祝福下，離開了家鄉。

馬偕原本計畫在中國大陸

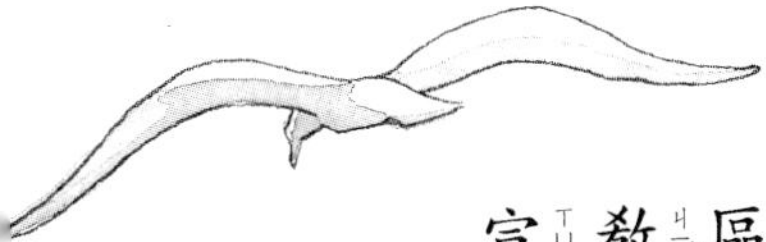

落腳，尋找他的宣教區，但是卻因緣際會的渡過台灣海峽，到了台灣。1872年3月9日，他乘「海龍號」抵達淡水，這真是個值得紀念的日子！

「好像有一條無形的線，牽引我到這美麗之島來的。」馬偕說。

那天天氣晴朗，他舉目四望，覺得這是個景致優美的地方，有蜿蜒的河流，濃綠的山嶺。他感受到內心的滿足，心神安寧清靜，他知道這就是他的住所，也是上帝指派給他的地區。

馬偕覺得聽到一種明確清晰的聲音告訴他：「此地就是了。」

1872年4月，馬偕一個人在淡水孤孤單單的，開始展開傳教工作。

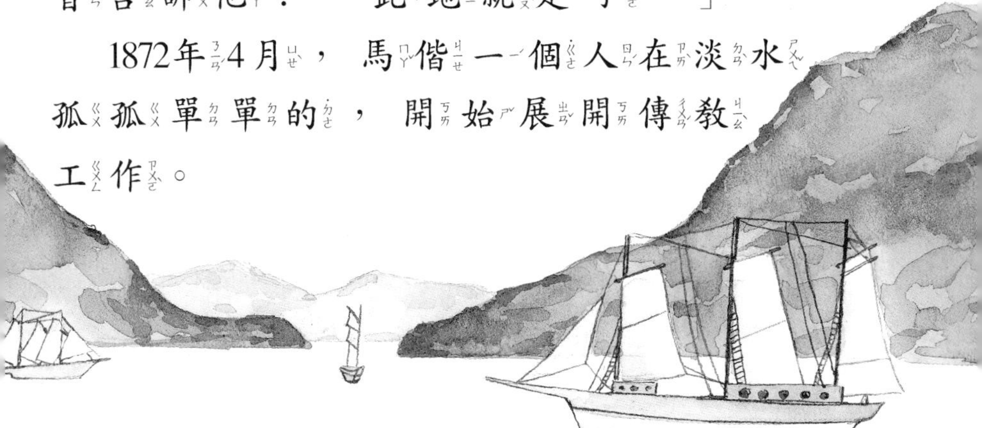

他租到一間小房屋，歪歪斜斜的佇立在小斜坡上。這間房屋原來是作馬廄用的，周圍的環境也十分骯髒。

在小屋旁，僅有一條小徑通到河邊。這兒的居住環境相當惡劣，尤其下雨時，更是苦不堪言。雨水會從斜坡流下來，恰恰好衝到屋內，然後不留情的鑽入地板，再沿著小徑流入山下的河裡。

馬偕僅有的，只是兩只松木箱子的行李，以及英國領事好心借給他的一張床、一把椅子，加上一位名叫陳阿順的鄰居送他的一盞舊蠟燈。

儘管萬事起頭難，馬偕依然信心滿滿，他在日記上寫著：「如今我已搬進這間屋子！回想當初離開故鄉時，實在不曾想到耶穌會引領我平安到達此地。這好像是在我的行李上貼了一張『往中國台灣』的標籤一樣！」

馬偕覺得自己奉命在異邦建立基督教會，是件無比光榮的事！他在心裡吶喊著：「上帝呀！請幫助我吧！」

馬偕學台語

馬偕知道，他必須先學會台灣話，也就是台語，才能順利的向當地民眾傳福音。可惜，淡水鎮民一開始對這位長相和自己不太一樣的外國人沒什麼好感，大家都喊他「鬍鬚蕃」，意思就是長滿鬍鬚的外國人。

在尚未定居淡水之前，馬偕曾在高雄向英國長老教會的宣教士李庥學習台語一些簡單字句，但對於傳教工作的進行仍然幫助不大。

馬偕苦於沒有教師可以教導他，手邊又沒有適當的書籍可供研讀，他絞盡腦汁，想盡辦法之後，決定向他的男僕請教。

於是，馬偕花費許多時間向他的男僕學習發音，以及相似的音調。想不到這位男僕人不習慣這樣的教學工作，因爲他從來沒教過別人語言，尤其又是教一位大鬍子外國人，有時他便會露出懷疑的眼光，認爲馬偕簡直就是個傻子！男僕想不通馬偕爲何要這樣拼命的學台語，可憐的馬偕眼見這個方法行不通，只好另外想辦法囉！

這次，馬偕又想到一個好方法。他決定走路時不走大馬路，改走鄉下的田間小路。爲什麼呢？

原來呀，馬偕希望能在鄉野田邊碰到一些可以談話的農夫，這樣一來，他就可以在很自然的情況之下，向他們學習一般人交談時使用的語言。

有一次，馬偕在一個小山丘上（現在的淡水高爾夫球場），遇見了十幾個正在牧牛的小孩，馬偕想過去和他們說話。想不到，馬偕一走近他們，他們就大叫：「外國番仔！外國番仔！」同時揮動手上的

大斗笠，在地上跳呀跳的，然後躲到大石頭旁邊偷偷的看著馬偕。

第二天，馬偕鍥而不捨，又去找這些牧童。牧童們看見馬偕又來找他們，心裡依然充滿戒備。當馬偕靠近，他們一溜煙的又紛紛走開。

第三天，馬偕決定開口對他們說話。他鼓起勇氣，盡他最大的能力，試著說出發音準確的台語。這個方法果然見效，牧童們驚訝的大叫：「外國番仔聽得懂我們的話耶！」

馬偕見狀，趕快抓住機會，即時拿出手中的懷錶，高舉在手裡，想要吸引牧童們的注意。馬偕叫牧童們過來看錶，他們立刻將馬偕包圍，摸摸他的鈕釦、手臂，好奇的碰碰他的衣服。從此，馬偕與這些可愛的牧童們成爲好朋友。

這些牧童每天都期待著馬偕的出現，馬偕也每天都去和他們聊天、玩耍五六個鐘頭。他把從牧童那兒聽到的字句都記在腦子裡，回家之後用心演練。由於這些「小老師」們的幫助，馬偕的字彙因此進步神速，連他的男僕都大吃一驚呢！

在這個時期，馬偕也從一本《英華字典》裡研究中國文字。遺憾的是，在沒有老師指導的情況下，進步非常緩慢。往往因爲不瞭解某一個字的意思，而耗費許多時間。

長久以來，馬偕白天從牧童那兒學習口語，晚間研究漢字。爲了訓練舌頭和耳朵，使發音、聽力更精進，他每天都會提高嗓門練習，要求自己每天都要學會幾個新句子。

馬偕有疑問時，都會請教家中的男僕，想不到這位男僕竟因爲受不了馬偕的囉唆與頻繁的詢問，只做了幾個星期的工作就走了。

儘管如此，馬偕從不灰心，依然想出許多好點子來增加學習效率。例如，他避免和歐美人士以及會說英文的中國人相處，使自己整天處於只說台語的環境，並且多和喜歡與他談話的當地人聊天。

在他的努力之下，五個月之後，他就用台語作了第一次講道。

道地的台灣女婿

十九世紀末的台灣仍是重男輕女的地方，女生從四歲起就要纏小腳，長大一些，還得學習燒飯、洗衣、縫紉等工作。十歲左右，父母就不許女兒離開家門。因此，在出嫁前，除了父母之外，不能與其他男子見面。

由於有這些束縛，馬偕覺得十分苦惱，因爲他無法向眾多的婦女們傳教。

他心裡一直爲這件事感到十分難過，一再禱告，甚至流下眼淚。那時的婦女並不受到重視，當她們的丈夫或兄弟都去參加禮拜時，她們卻只能留在家裡。有時在兩百位聽眾裡，只能看到兩、三位婦女。

經過長久的考慮，馬偕決定娶一位中國女子爲妻，作他的幫手，來爲許許多多的婦女效勞。馬偕希望她是一位年輕，有奉獻精神的基督教徒，願意爲眾人貢獻所有的心力。

雖然有人勸他選擇一位可愛的加拿大婦女爲妻，但是馬偕卻說：「我不考慮可愛不可愛，我只考慮如何能夠爲耶穌做更多的事。對外國婦女來說，這兒的氣候是很難適應的，外國女子通常無法住在鄉下的教堂，這樣她就無法去接近當地的婦女。我要的女子是能夠從一個教堂到另一個教堂去尋找喪失的靈魂的。」

馬偕的擔憂終於在1878年5月27日解除，他娶了一位本地籍的賢內助——張聰明女士。

張聰明女士是五股坑教會陳塔嫂的孫女，年幼時給人家作養女。陳塔嫂是虔誠的長老教會信徒，平時對馬偕十分關心。另一方面，她因爲特別疼愛自己的孫女，因此將張聰明女士贖回，在她十八歲時，將她許配給馬偕。馬偕與夫人生了二女一男，分別是偕瑪連、偕以利與偕叡廉。

馬偕和本地人結婚的好消息很快就傳開了，同時也給北部各教會帶來無比的興奮與鼓舞。

張聰明女士的確是馬偕宣教的好幫手，她熟悉本地風俗及習慣，知道什麼話可以講，什麼話不適合說，尤其她熟悉本地的語言，因此能夠將聖經的教訓清楚、明白的向聽眾表達出來。

雖然她未受過教育，但卻溫柔能幹，賢慧又有知識。不僅如此，她還會講英語。人人都認爲，在五股坑這種小地方，居然能出一位「狀元夫人」，眞是不容易！

馬偕夫人經常穿著台灣式的衣服，吃台灣料理，直到日本佔據台灣，她才改穿洋裝。此外，她有一樣特色，這可是一般人做不到的喔——她能將舌頭伸到鼻子尖端，就好像特技表演一般！

蜜月旅行與傳道旅行

馬偕的蜜月旅行，可以說是純粹的傳道旅行。他們夫婦倆在這次旅行中，訪問了北部所有的教會。馬偕總是步行，他一向如此，夫人則坐轎子。

在這次旅行當中，馬偕夫婦遇到許多困難。

有一次，他們遇上強烈的暴風，強風猛力一吹，就不留情的將馬偕夫人的轎子吹翻，轎子掉落到滿是泥巴的稻田當中。馬偕夫人雖然嚇了一大跳，但仍然不放棄他們的旅程。還有一次，爲了要渡河，河水很急，一不小心跌倒，差點兒溺死。

雖然過程驚險萬分，但他們終究克服一切困難，完成訪問北部教會的任務。

他們所停留的每一個地方，都有許多婦女來參加聚會，因爲她們想一睹馬偕夫人的風采。通常，聚會結束之後，婦女們總會圍繞在夫人身邊，問東問西，並且聽她說耶穌的故事，以及「愛」的意義。

充滿艱險的傳道歷程

馬偕的身高在外國人當中，算是在一般平均身高以下，他有寬寬的肩膀、厚厚的胸膛，沒有過多的肌肉，深色面孔，以及泰山崩於前也不眨一下的眼睛。小時候，他赤腳跑步從來沒有輸過。

馬偕體力十足，並且精通西洋拳術，他一人同時與三、四個學生摔跤，學生依然輸給他。他也曾經獨自抱住馬後腿，把馬兒抬離地面，力氣驚人！

在鄉間行走傳道時，每天早上九點開始工作，到下午六點，只有中午休息一小時。這樣的狀況他可以持續好幾個禮拜。每天可以走二、三十里路，每到一處，馬偕就會停下來講道一小時。

此外，他面對痛苦的忍受力很

強，每次出外傳道或巡視教會時，他總是隨遇而安，對於住宿的地方亦不講究。在行腳的過程中，風吹、日曬、雨淋、爬山、越嶺、涉河，肉體雖然辛苦，但他仍然甘之如飴。對於工作，他堅持「今日事，今日畢」的原則。

這樣辛苦的生活方式，與他同行的傳道人在體力、耐力上都吃不消，兩個星期下來就支持不住了，唯有馬偕依然神采奕奕，毫無倦容。

有人認爲，馬偕的堅忍不拔其來有自，最主要的營養食品就是《聖經》。

《聖經》是馬偕的精神糧食，是他賴以生長的土地，《聖經》把鐵血般的精神注入他的血液，讓他三十年來面對困難毫不疑惑，而且奮戰不懈，永不退縮。

馬偕簡直是個天才演說家！他的演講資料非常豐富，即使是同樣的講題，他都可以靈活變化，講出完全不同的內容。

他知道，對小孩子說話時，要用孩子般天眞、單純的方式。對學生們演講時，就要鏗鏘有力，像個十足的教員。他希望在教學生時，不只是要提供他們訊息，更重要的是引發學生的思考力。若有聽眾提出問題，他會以溫和務實的方式回答，盡量站在聽眾的角度來爲他解決困惑。

當他面對大型集會場合時，談到他心愛的工作，他的靈魂像著了火，黑色的眼珠更加閃亮，面貌發光，整個身體有如通上電流一般。他用清澈響亮的聲音傳達真實懇切的心情，聽眾在他的引導之下，情緒也隨著高低起伏。

有一天，在他演講完後，有位叫皮爾森的博士站起來說：「如果有人能將馬偕剛才講的全部內容記錄下來，我願意花兩百元美金買下，因爲這是我聽過最偉大的一篇宣教呼籲。」

不只是演説，馬偕的書信也總是迸射出白熱的光芒。火熱、確切的字眼確實能感動人心。

馬偕經常率領門徒步行傳教，遊走台灣北部及鄉村。在傳教的過程中，常因受暴徒迫害而險象環生。

有一次馬偕在三峽傳道，被人用一塊三斤重的石塊投擲，那塊石頭從他額前擦去，擊中講台後面的牆壁，裂成三塊。馬偕一點也不害怕，拾起那三塊石頭，作爲這一天的紀念品。

另一次是在艋舺，有個暴徒受人慫恿，趁馬偕在台上講道時，雙手舉起大刀，衝上講台，想要從馬偕的頭頂往下劈！情勢危急，台下的人看得是目瞪口呆卻又束手無策，但馬偕異常鎮定，他用深邃、威嚴，又充滿力量的眼神瞪著這暴徒，這人被他一瞪反而不知所措，終究還是臣服在馬偕威風凜凜的眼神下。於是，他放下刀子，用幾乎哭泣的聲音對馬偕說：「偕牧師，我砍不下去。」

難以置信的是，後來這人還成為熱心的信徒呢！

除了「人」的挑戰之外，馬偕傳教過程中的另一種挑戰，是台灣的毒蛇。

有天夜裡約十一點左右，馬偕在二樓看書，他的兩三位學生在樓下廚房聊天，忽然間，學生看到有些紙從通往二樓地板的管口滑落下來，以爲又是老鼠作祟。等上樓察看時，驚訝的發現躲在管子裡的竟是條大蛇，吐著舌頭的可怕蛇頭，就在馬偕座椅不遠處搖擺著呢！學生們七手八腳的打死大蛇，拿到廚房用尺一量，竟有九尺長，嚇得他們趕緊把牠埋掉，才放心回去睡覺！

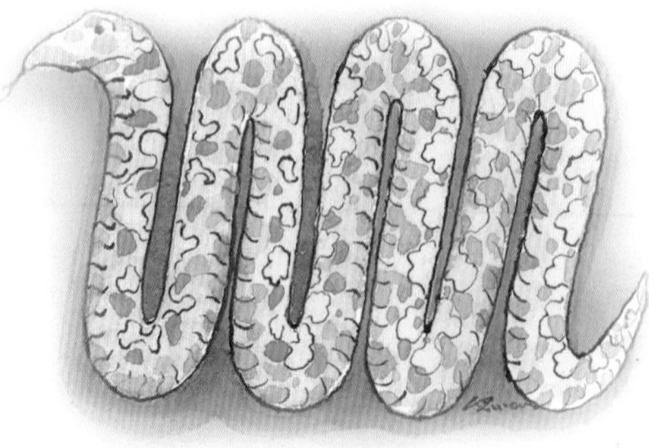

九尺

一尺就是0.30303公尺。

馬偕身體結實，在台灣三十年中，僅得過幾次小病而已。

當時台灣的居住環境不佳，衛生情況差，瘧疾猖獗，很多居民都因爲得了這種病而死亡。馬偕倡導公共衛生不遺餘力，鼓勵民眾除草，疏通水溝，以減少傳染性蚊蟲的孳生。馬偕還免費發給瘧疾患者一種叫做「金雞納霜」的特效藥，這種溶液被稱爲「馬偕的白藥水」。許多患者疑心病重，懷疑這種特效藥是毒藥，不敢服用，暗地裡偷偷將藥水倒掉，卻將藥瓶保留起來，因爲當時台灣還不容易見到這種細緻的玻璃瓶呢！

馬偕第一次得瘧疾，恰好是來台灣滿一年的時候，當時馬偕的住屋十分寒冷潮濕，而且發霉，但因爲他每天講道勞累，一回到家馬上躺下睡覺。這天，他覺得渾身發冷，不停發抖，牙齒咯咯咯的打顫，連睡在另一個房裡的傳教士阿華都聽得見。阿華嚇壞了，徹夜不眠，守在馬偕身旁照料他。那時屋裡沒有火爐，無法取暖，情況眞是緊急！還好馬偕服下一帖強烈的金雞納霜後，逐漸痊癒。

瘧疾

一種由瘧原蟲（經瘧蚊傳播）所引起的疾病，主要發生於熱帶和亞熱帶地區。症狀包括連續發冷、發燒、冒汗、頭痛、肌肉痛和疲倦。

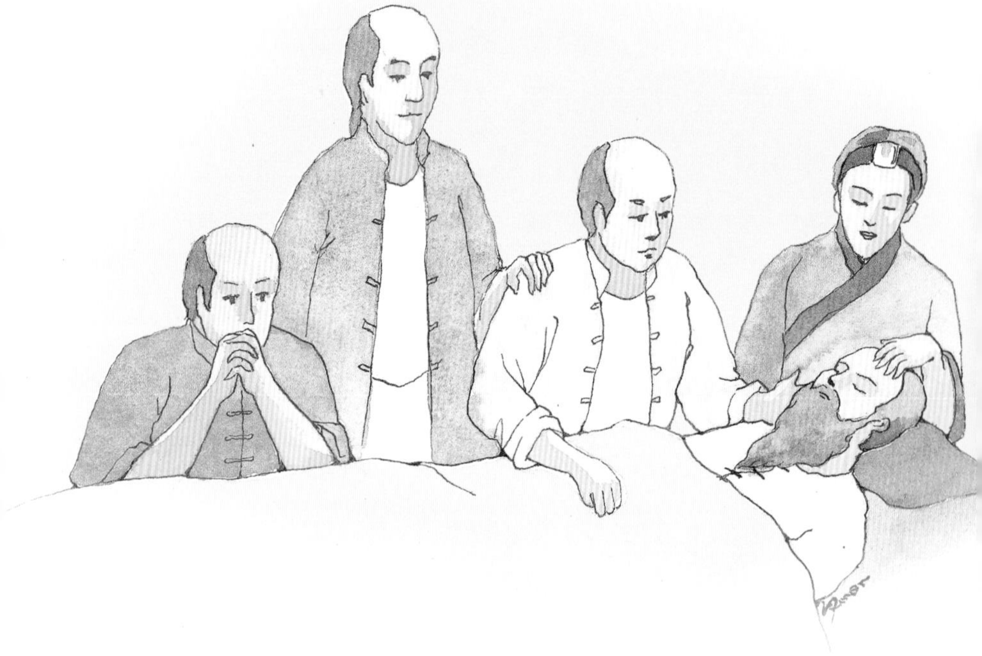

又有一次，馬偕在新店得了水痘。經過醫師診斷，宣布馬偕病況實在嚴重，將不久於人世。加上水痘是傳染病，因此禁止學生們照顧馬偕，並將馬偕關進「牧師房」裡隔離。但是，馬偕的學生們都捨不得恩師，因此，他們等醫生回家後，偷偷潛進牧師房守護照料馬偕，這樣經過十幾天，馬偕終於戰勝病魔，逐漸恢復健康。

儘管馬偕在台灣的醫療工作非常出色，但他卻沒有醫師執照，因爲他並未受過完整的醫學教育。他的醫術是先後在紐約及多倫多學來的。也因爲如此，日本人曾禁止他爲人治病。

由於醫療工作能夠協助傳教工作的進行，就好像是傳教工作的先鋒部隊一樣，因此，馬偕深知做好醫療工作的重要。他獲得駐在台北、淡水、基隆等外國醫生的衷心合作，因此，在傳道的旅途中，始終擁有足夠的藥物來幫助鄉村的病人。

水痘

帶狀皰疹病毒引起的急性傳染病，溫帶地區較容易傳染。症狀是發熱、皮膚及黏膜分批出現皰疹。

兩萬一千顆牙齒

馬偕的拔牙技術及醫術對他的傳教工作大有助益，可說是如虎添翼。他以藥品、拔牙鉗子及聖經來接近每一個人、幫助每一個人。

他曾說：「我們旅行到鄉間，就先在空地或寺廟台階上唱一、兩首聖詩，然後替人拔牙，接著才開始講道。病人們常站立著不動，等牙齒被拔出以後，就得把牙放在病人的手心上，如果我們保留他們的牙齒，就會引起懷疑。我常在一小時內拔起一百顆牙齒，自1873年以來，我親手拔起了兩萬一千顆以上的牙齒。」

也有人說，馬偕一生總共爲人拔了四萬顆牙才對！不管是兩萬多顆還是四萬顆，這都是個驚人的數目呀！

1884年夏天，中法戰爭爆發，台灣民眾既驚恐又害怕，變得仇視所有外國人及外國事物，當然，跟著也懷疑傳教士和基督徒，認爲他們和法國人有所勾結。這些憤怒的民眾揚言殺害所有的基督徒。

在暴亂中，北部各地教會都遭到迫害，有的信徒被捉去用藤條鞭打，有的被敲頭顱，有的被戴上腳鐐、手銬。信徒有的受傷，有的甚至喪失性命，連教堂也無法倖免，共有七座被暴徒拆毀。

當時因爲受法國士兵攻擊，我軍官兵傷亡慘重，滬尾偕醫館裡、門口、道路旁、小橋上都躺滿了等待救治的傷兵，這是台灣第一次展開類似紅十字會的救傷工作。欽差大臣劉銘傳事後還頒發獎狀，讚許馬偕救人的義行，並且還於此後數年撥款贈與馬偕醫館，作爲感謝。

偕醫館

- 1884年，馬偕在淡水建造「偕醫館」，爲許多在中法戰爭中受傷的士兵醫治。

中法戰爭

- 1883年12月至1885年4月(光緒九年十一月至十一年二月）由於法國侵略越南，並進而侵略中國所引起的一次戰爭。

紅十字會

- 世界性衛生救護和社會福利團體。它的世界性組織包括紅十字國際委員會、國際紅十字會與紅新月會協會，以及各國紅十字會或紅新月會。現擁有148個成員國。剛創立時，目的在戰時照顧傷員，後來發展爲衛生救護、救濟難民的機構。

馬偕自1872年抵達台灣淡水起，就在自己的寓所開始行醫救人。

直到1880年，美國底特律地區有位馬偕夫人，爲了要紀念過世不久的丈夫——馬偕船長，慷慨捐贈三千美金協助馬偕在台灣的傳教事業。馬偕於是利用這些錢，在淡水建立北部第一所教會醫院，命名爲「滬尾偕醫館」。這所醫院的建立使台灣北部的民眾受惠無窮，這棟建築至今仍保存在原地址。

此外，在現在的台北市中山北路二段有座大型醫院，稱做「馬偕紀念醫院」，這是後人爲了紀念馬偕醫師的德澤而建立的。

百年樹人

馬偕自抵達淡水之後，就在自己家中、淡水海邊沙灘、海邊的大榕樹下，以及現在的高爾夫球場的小丘上教育學生。此外，在他傳道的旅途中，也隨時就地上課。這一段時期被稱做「露天教育」時期。

1881年，馬偕故鄉牛津郡的居民，募集了六千兩百一十五元加拿大幣，交由馬偕帶回台灣，建立一所書院，這間書院就是「理學堂大書院」，也就是位於淡水的「牛津學堂」。

滬尾偕醫館

1883年，馬偕爲了提倡女子教育，就在牛津學堂的東邊創設女學堂，專供女子就讀。第一屆招生時，只有三十四名女子入學。因爲當時台灣民眾都很保守，大家不願意讓女兒在外拋頭露面，同時也不願讓女兒得到知識。所以女學堂雖然完全免費，還爲學生支付路費、提供食宿衣服，但就讀的人數仍不多。

馬偕個性剛直，學生做錯了事，他會當面指責，毫不留情。但他對學生的愛護也是無微不至的。若學生有了困難，他不管那位學生從前犯過什麼大錯，照樣會想辦法爲他解決。

「馬偕博士很疼我！」這句話常被他的學生掛在嘴邊。

在台灣宣教三十年之後，馬偕竟患了喉癌。起先，他聲音沙啞，後來再也不能發出聲音，講課時只能用筆寫。隨著病情的加重，喉嚨逐漸潰爛，吞下去的食物會從喉部流出來，在肉體上，馬偕受盡煎熬！

喉癌

發生在喉部的一種惡性腫瘤。按照病期和發生部位的不同而呈現各種症狀，有咽喉異物感、聲音嘶啞、呼吸困難、頸淋巴結腫大等。

由於馬偕病情嚴重，無法到學校上課，但又對牛津學堂的學生念念不忘。他覺得自己將要離開人世，又有許多話想要交代學生，於是，某天深夜，他瞞著家人及輪流守護的學生，偷偷的拖著沈重的病體，溜到牛津學堂去。

那時是1901年5月31日的半夜，矗立於淡水鎮郊山岡上的牛津學堂，鐘聲突然大鳴。這陣突然響起的鐘聲敲破黑夜的寧靜，牛津學堂的學生聽到鐘聲大作，十分驚訝，紛紛起

牛津學堂

身察看發生了什麼事情。有的學生以爲是風吹動了鐘聲，有的以爲是自己的耳朵失靈，聽錯了。

大家正在猜測時，突然有一條人影出現在學生宿舍前，並用他枯乾的手，用力的敲擊窗子。

學生嚇得不敢開門，幸好有位膽子大的學生拿出蠟燭一照，才發現這個人原來就是他們所敬愛的馬偕老師。

學生覺得奇怪，馬偕老師現在應該在家中養病，況且依他的病情，應該臥床休息才行，怎麼會三更半夜的，獨自跑到學校來呢？加上從馬偕老師的家到學校這段路約有數百公尺，崎嶇難行、雜草叢生，難道他並不是馬偕老師？這位膽大的學生想到這裡，趕緊把正要開門的手縮了回來。馬偕見狀，更加急迫的敲著窗户，大家仔細辨認，終於確認是馬偕老師沒錯。

學生們興奮極了，連忙從床上跳起來，爭先恐後的向前迎接馬偕老師。

馬偕面容憔悴，說不出話，但是他用手指著禮堂，大家就懂得他的意思了，於是將馬偕攙扶到禮堂。馬偕進了禮堂，走上講台，用他顫抖的手，拿起粉筆，在黑板上寫下他所要說的話，就像平時講學一般。

馬偕雖然身染重病，但對他親手創辦的學校以及他心愛的學生，卻仍關懷備至。即使病入膏肓，也趁著家人不注意時，拖著僵直的身體，深夜走路到學校，搖鐘集合學生講訓。他熱愛學生，也熱愛教育！

衷心愛台灣

1901年6月2日下午四點，馬偕病逝於淡水家中，享年五十八歲。

馬偕心在台灣，愛在台灣，終其一生都認同台灣，也以淡水人自居。在馬偕過世前幾年，他曾寫下一首迷人的小詩，顯現出他對台灣的無限摯愛：

我衷心所愛的台灣呀！
我把有生之年全獻給妳，
我的生趣在於此；
我衷心難分難捨的台灣呀！
我把有生之年全獻給妳，
我望穿雲霧，看見群山，
我從雲中的隙口俯視大地，
遠眺波濤大海，遠眺彼方，
誠願在我奉獻生涯終了時，
在那大浪拍岸的聲響中，
在那竹林搖曳的映影下，
找到我的歸宿……

馬偕牧師的一生

1844年	3月21日 誕生於加拿大安大略省牛津郡佐拉鄉（Zorra Township. Oxford County, Ontario, Canada）。
1859年	擔任鄉村小學教員。
1870年	4月 於美國普林斯頓神學院畢業後，就啓程返回加拿大，並申請到海外宣教。
1871年	6月 加拿大長老教會總會准許馬偕的申請，並指定中國爲其宣教服務地區。 10月 馬偕在故鄉辭別家人，自伍德斯多克搭乘火車出發，月底抵美國舊金山，改搭輪船「亞美利加」號前往中國。11月底抵達日本橫濱。年底抵台灣高雄。
1872年	4月10日 設淡水教會，得到第一位學生嚴清華。
1878年	5月27日 與台灣女子張聰明結婚。
1879年	5月24日 長女瑪連誕生於大龍峒。
1880年	9月4日次女以利誕生於加拿大。
1881年	10月11日 獲得故鄉牛津郡人士捐款加幣6215元，提供設立淡水神學校使用。
1882年	1月22日 馬偕獨子偕叡廉誕生於淡水。 7月26日 牛津學堂（Oxford College，台灣神學院前身）落成，9月15日開學，學生總共有十八名。
1884年	1月19日 淡水女學堂落成，3月開學。中法戰爭爆發，10月法艦開始封鎖台灣長達六個月。 在淡水設立「偕醫館」。
1891年	馬偕所著之《中西字典》在上海印行。
1900年	5月 最後一次巡視噶瑪蘭地區教會，回淡水後不久，發現喉嚨逐漸失去聲音。
1901年	6月2日下午四時因喉癌病逝於淡水，享年五十八歲，4日葬於馬偕墓地（今淡江中學校園內）。葬禮由吳威廉主持。

給孩子

小朋友，你長大後想做什麼呢？人如果能夠立定志向，就能夠朝著目標努力邁進。馬偕博士在十歲左右就定下了未來要做的事，他為什麼能做得到？他怎麼樣讓自己達到願望？他在遇到困難時，用怎樣的心境克服？讀過這個故事，你會更知道自己可以怎麼做。

我們現在享受的種種富足安樂，都是前人辛辛苦苦努力累積的。在台灣這塊土地上，有許多默默奉獻心力的人，從這篇故事中，希望你更瞭解從前的台灣是什麼樣子。當然，你也要想一想，未來的台灣又會是什麼樣子？因為這可是你能參與的工程喔！

你有沒有學英文或其他新的功課呢？你會不會覺得有點難呢？在這個故事中，有一段是描寫馬偕如何學台語的過程，請你仔細看喔！因為你會從中發現，「學習」最重要的秘訣，照著這個方法來做，保證讓你的各項學習都突飛猛進。

馬偕博士雖然已經去世很久了，但是他的精神一直都在。即使是小朋友，也能奉獻自己的小小心力喔！想一想，你可以怎麼做呢？希望你成為一個仁慈、有愛心而且受歡迎的人。

一起玩・一起學

活動 1. 二十年後的我

活動方式：

一、準備一張桌子，稍加布置，當做發表的「舞台」。

二、每人先將自己的志願畫成圖畫，輪到自己上台時，一邊展示圖畫，一邊說「二十年後的我」。

三、同學發表時，其他人可以提出建議，告訴他有哪些「秘訣」，可以更容易達成願望。

活動 2. 馬偕劇場

活動方式：

一、將全班分組，每組人數四～五人。

二、將下面的情節編號，每組輪流抽籤，抽到哪一個情境，就表演出來。

三、表演完後，大家共同討論，哪些人的演技最好，並拍手鼓勵。

情境參考：

一、馬偕離家時，父母親依依不捨。

二、馬偕在小山丘，和牧童們初次相遇。

三、馬偕向牧童學習語言。

四、馬偕在艋舺演講時，遇到暴徒。

五、馬偕的房裡發現大蛇。

六、馬偕生病了，仍回學校爲學生講課。

活動 3. 愛心醫院

活動方式：

一、先共同發表自己的看病經過，包括生病時的身體、心理感受，面對醫生、護士的感覺，以及其他有關「進出醫院」的經驗。

二、將教室布置成一所醫院，有診療室、候診室以及藥房。參與的人可共同替醫院取一個名字。

三、分配角色，輪流當醫生、病人、護士……，病人自己決定進醫院的原因，以「看病」爲主題，玩「扮家家酒」。

四、遊戲結束後，大家共同發表，選出「最有愛心」的醫生。

活動 4. 學習百分百

請完成下列問題

一、下面哪些地點和馬偕有關？請在□中打V。

□多倫多大學 □中國廈門 □紐約師範大學 □美國普林斯頓神學院

□滬尾偕醫館 □牛津學堂 □關渡宮 □淡江大學 □淡水女學堂

□淡水高爾夫球場

二、找一找，說一說，故事中這些人物，對馬偕有什麼影響？

◎母親 ◎宣教士威廉賓 ◎陳塔嫂 ◎牧童

三、馬偕為什麼願意將一生奉獻給台灣？請說一說你對他的瞭解。

四、按照故事內容選選看：

一、（　）馬偕是哪一國的人？

①中國 ②加拿大 ③美國 ④英國

二、（　）馬偕幾歲的時候，就決定了一生的志向？

①十歲 ②十五歲 ③十七歲 ④二十二歲

三、（　）馬偕為什麼決定來中國宣教？

①父親的建議 ②老師的指導 ③教會的安排

④聽了威廉賓的演講

四、（　）馬偕搭乘哪一條船，到達淡水？

①海神號 ②海馬號 ③海龍號 ④海王號

五、（　）馬偕沒到中國大陸，卻來到台灣的哪裡？

①宜蘭 ②淡水 ③關渡 ④台南

六、（　）馬偕娶了台灣女子誰為妻子？

①依莉莎 ②陳塔嫂 ③張聰明 ④張瑪莉

七、（　）馬偕學了多久的台語，就能用台語宣教？

①五個月 ②兩年 ③五年 ④一年

八、（　）「金雞納霜」是治療什麼的特效藥？

①霍亂 ②瘧疾 ③天花 ④傷寒

九、（　）哪一項是馬偕最引人稱道的醫術？

①治療感冒 ②治跌打損傷 ③開心手術 ④拔牙術

十、（　）馬偕在台灣待了幾年？

①三十年 ②二十年 ③四十年 ④五十年

給家長

生活教育是我們一直強調的，即使課業再傑出的孩子，如果生活教育不及格，前途都會令人擔憂。馬偕博士的愛心與熱忱、面對困難的沈著及智慧、對理想的堅持……，都是您可以和孩子好好討論的部分。

現在的孩子大多被保護得很好，讓他們想一想，如果在十多歲就要一個人在外面讀書，料理所有自己的事，他們會怎麼做？您可以試著把屬於孩子的事交給他們自己做決定。

馬偕的無私奉獻，固然有他宗教家庭的背景，但我們也能把這種「為他人服務」的情懷變成家中的生活方式。讓孩子先為家中的其他成員服務，鼓勵他們捐出零用錢幫助需要幫助的人，帶著他們做社區或活動的小義工。讀過這個故事，相信您一定會願意給孩子這種一生受用的寶藏。

馬偕從小立志當宣教師，並且向鄉野牧童學習台語，這兩個情節在文中有精彩的描述，也值得您作為教養孩子的參考。如何讓孩子從小立定志向？如何讓孩子自然學會一種新語言？其實環境和家長的引導都非常重要。

相信您一定會喜歡這個故事，也能從中取得許多靈感。

老師的教學運用

在台灣這塊土地上，有許多外國傳教士本著宗教的博愛及熱忱，終其一生將心力奉獻於此。透過這篇馬偕博士的故事，您可以好好的和學生討論「愛」、「奉獻」與「無私」。

以下的概念統整，提供您做參考。

在社會領域上，透過察看地圖，找出故事中提到的幾個國家，以及馬偕在台灣待過的幾個地點，這趟「馬偕行腳」，可以讓學生對整個故事發生的背景更加清楚，也會明白馬偕服務人群的熱忱。馬偕來台灣的那個年代，台灣是什麼樣子？請指導學生找尋相關資料，瞭解這一段的歷史。所有的文化及經驗都是延續的，我們相信，瞭解過去，會讓孩子更愛這片土地。

在語文領域上，請參與孩子「二十年後的我」的發表會。馬偕在十歲時就立下一生中的志向，固然和家庭的宗教氣氛有關，但也可以看出一個遠大的志向對孩子是多麼的重要。您在聆聽孩子的童言童語時，請給予積極的鼓勵，也許孩子會因爲您的一句美言，堅定一生的信念。描述人物的作品，難免會牽涉許多相關的人、事、物，請找幾個故事中的人物出來，帶著孩子討論，這個人物對馬偕有什麼影響，爲什麼作者要安排這個人物出現？這些人物的討論，希望能讓孩子日後的寫作更有焦點。

在藝術與人文領域上，我們設計了「馬偕劇場」。從文字平面的描述到戲劇立體的演出，其實是一個很大的工程，也是結合藝術人文與語文的訓練。請先就故事中的情節和孩子討論，這段情節中一共需要多少個演員？每個演員心中的情緒是什麼？每個演員該怎麼說話？透過這樣的演出，孩子會更有自信。

在綜合領域上，「愛心醫院」的活動，結合了「健康與體育」對疾病預防的概念。經由扮演，學生知道該怎麼親切的對待別人。另外，如果您能安排一趟旅行，帶著孩子去淡水，看看所有馬偕博士留下來的歷史遺跡。這趟「尋找馬偕先生」，可以結合淡水優美海景的觀賞，也可以配合環保的議題，會是一趟充滿人文與關懷的旅程。

台灣現在仍有許多以台灣為家的外國傳教士，如果您住的鄉鎮正好有這樣的人物，說不定也能請他們來演講，讓孩子更能體會馬偕的情懷。

不管您是不是基督徒，深刻的讀過這個故事後，您一定已經為馬偕的愛心感動。您給孩子最重要的引導，就是重現一顆柔軟而懂得愛的心地，這會是我們永遠的財富！

學習領域統整圖

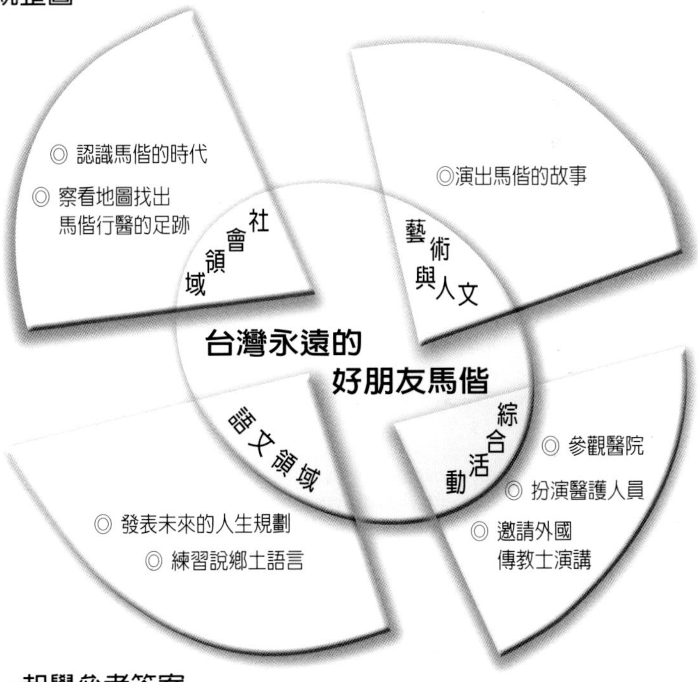

一起玩．一起學參考答案

活動 4 學習百分百

一、下面哪些地點和馬偕有關？請在中打 v。

1.多倫多大學 2.美國普林斯頓神學院 3.滬尾偕醫館 4.牛津學堂 5.淡水女學堂

四.按照故事內容選選看

1. (2) 2. (1) 3. (4) 4. (3) 5. (2) 6. (3) 7. (1)

8. (2) 9. (4) 10. (1)

Let's Read 讀讀樂19【傳記類・中年級】

台灣永遠的好朋友馬偕

2002年10月初版　　定價：新臺幣160元
2009年5月初版第四刷
2019年7月二版

故　事　周淑惠
繪　圖　簡民熙
責任編輯　黃惠鈴
　　　　　高玉梅
校　對　何采嬪

活動、導讀、教學運用　九年一貫課程教學研究會
顧問群　林麗麗、林月娥、吳望如、胡玲玉、莊春鳳
　　　　劉吉媛、鄒敦怜、顏美姿

總編輯　胡金倫
總經理　陳芝宇
社　長　羅國俊
發行人　林載爵

出版者　聯經出版事業股份有限公司
地　址　新北市汐止區大同路一段369號1樓
編輯部地址　新北市汐止區大同路一段369號1樓
叢書主編電話　(02)86925588轉5312
台北聯經書房　台北市新生南路三段94號
　　電話　(02)23620308
台中分公司　台中市北區崇德路一段198號
暨門市電話　(04)22312023
郵政劃撥帳戶第0100559-3號
郵撥電話　(02)23620308
印刷者　世和印製企業有限公司
總經銷　聯合發行股份有限公司
發行所　新北市新店區寶橋路235巷6弄6號2F
　　電話　(02)29178022

行政院新聞局出版事業登記證局版臺業字第0130號

本書如有缺頁，破損，倒裝請寄回台北聯經書房更換。　ISBN 978-957-08-5328-5 (平裝)
聯經網址 http://www.linkingbooks.com.tw
電子信箱 e-mail:linking@udngroup.com

國家圖書館出版品預行編目資料

台灣永遠的好朋友馬偕／周淑惠故事．簡民熙繪圖．
　二版．新北市．聯經．2019.07．64面．14.5×21公分．
　(Let's Read　讀讀樂19：傳記類 中年級)
　ISBN　978-957-08-5328-5 (平裝)
　[2019年7月二版]

　1.漢語教學　2.小學教學

523.31　　108008306